Jörg Neugebauer

Jimi Hendrix traf Kafka und fragte ihn nach der Uhrzeit

Jörg Neugebauer

Jimi Hendrix traf Kafka und fragte ihn nach der Uhrzeit

Gedichte

udo degener verlag

beim überqueren der straße

begeistert … von dieser
endlosen stille –

die setzt sich ein cremehütchen auf
und guckt ganz frech

als hätte sie lust
zu plaudern

fette ente feiert party

ich boxte am see
gegen alte gehirne
gut hundert mark
warf ich den wundvögeln hin
das ist ein ganz neuer morgen
wenn die sterne k.o. gehen
mit adlerschnäbeln
enten posieren
o wie durchbricht die sonne
vergilbtes gesicht vor dem schnee

Für Emily

wir wachsen langsam ins Dunkel
zur Mitternacht des Tags
steigt ein Licht – ob Stern ob Mond –
unsichern Schritts wir folgen
zur Straße hin wo
unter Bäumen Blüten gehn
und Schiffe sich schmiegen
am endlosen Hafen dort
riecht das Wasser nach Schweigen

unter den Masken der Nachbarn
lagern die Kinder rufend nach
einer die hat ihr weißes Kleid
wieder und wieder beschrieben
um nach ihrem Tode zu lesen
fallen die Blätter als wären
davon genug aber nun
wollen wirs wissen und sagen es
denen die hören das
leicht

Hier und dort

I

Eines Tages gehe ich fort.
Ich hatte oft daran gedacht,
mir das Fortgehen vorgestellt.
Ich, der ich nie fortgehen wollte.
Andere, dachte ich, mögen fortgehen.
Sollen sie doch, ich werde bleiben,
Was auch geschieht, ich werde bleiben.
Seht alle her, ihr, die ihr fortgeht,
dieser hier bleibt, dieser wird niemals fortgehen.
Und doch bin auch ich am Ende gegangen.
Am Ende geht jeder, weshalb nicht auch ich.
Am Ende bin auch ich gegangen.

II

Wenn ich mich umsehe, könnte ich etwas sehen.
Bäume, Sträucher, was man so kennt.
Wolken zumindest. Mit Wolken kenn ich mich aus.
Wolken haben etwas, das ich nicht habe.
He Wolke, wie machst du das, nichts als Wolke zu sein.
Muss man erstmal hinkriegen.
Leicht wie du bin ich nicht. Müde aber, das schon.
Du könntest mir zeigen, wie man sich hinlegt.
Schwebt, meinetwegen.
Hauptsache, man braucht nichts zu tun.
Tust du denn was. Muss man hier irgendwas tun.
Außer dem Wind nahe zu sein.
Der Wind passt hier gut hin.
Kam mir schon immer so vor, als käm er von weit.

in paris beim überqueren der straße

für erich unglaub

als rilke picasso traf,
ließ der ihn stolpern,
einfach so, aus spaß,
zum glück kam gerade
kein auto, so blieb rilkes
stolpern folgenlos,
            außer dass
rilke natürlich dachte: den
lass ich auch mal stolpern,
der wird schon sehn, der
            picasso

frühstück mit gertrude

deine zärtlichen knöpfe
o wie konnte ich daran sterben
du reichtest mir die tasse
und sagtest: dies sind sie – meine knöpfe
daran bin ich längst gestorben
und wie ich den henkel hielt
nein du ihn mir entgegenschwenktest
wie sollte ich anders als mit stillen zähnen
auf den zehenspitzen der tasse balancieren
dass du sie mir heimzahltest - deine knöpfe
o ihr zärtlichen ich zähle euch eins zwei drei
und breche ab mitten im henkel
wie viel tod ist in diesen drei knöpfen
sind es denn drei sind es sprich
du die tasse mir selig

und – wie scharf ich das alles wahrnehme
mal scharf mal stumpf nein die helligkeit
der morgensonne breitet einen teppich über das dunkel
und das hat uns was zu sagen die wir
großmächtig das brot brechen im schweigen
unsere gehirne aber verarbeiten den subtext
zungen sind sie unsere gehirne sind zungen
eng beeinander tauschen sie ihre subtexte aus
im tod einer semmel schwören wir uns die treue
fade sinnsuche irische butter immerhin
hat der tisch mehrere eier und wie von
ungefähr hältst du eine stoffserviette bereit
was es zu sagen gab wurde gesagt nicht verschwiegen
verkleckert auf fingerspitzen decken wir ab stecken nochmal
den finger in die marmelade in deinen mund werde ich
in deinen mund werde ich den tag verbringen

Wahrscheinlich sind nur die
Zwischenräume wahr,
unbeschriftet, ungedeutet,
warm vom Atem des Schlafs.
In diesem Halten des Ungefähren
bestünde der Sinn

Und die Lust
schlüge an ihre Wände,
die ein Zimmer bilden um sie,
ein gemietetes, abgewohnt,
mit den Gerüchen der andern
verklebt

Und wenn sie versinken,
die Wände,
so dass alles offen steht,
wird ein Wind kommen
vom Meer,
und der Himmel wird klar sein

Ode an Schmidt-Rottluff

Ich leuchte mir stroh den Abend aus
Dass ich nie mehr davon abkommen möchte
Wie weiß ich woher Stroh abends leuchtet
Hintertürs entkommen mir!
Ich zeige zur Nacht hin
Im hellen Stroh atme ich Kälte
Zur Morgenleuchte geschminkt trage Skelette ich raus
Gelb wächst der Tag in mein Ich

berg und tal

in der ferne die berge
berge kann man nur in der ferne sehen
aus der ferne, besser gesagt

ist man selbst in den bergen
sieht man sie kaum
oder schwer

man muss hoch hinaufschauen
senkrecht beinah
und sieht doch nicht viel von den bergen

ist man schließlich oben
sagt man:
wie schön ist der blick ins tal!

Überraschung

Ja, Überraschung.
Zu gerne wär ich mal überrascht.
Positiv natürlich denn Schlecht-
Überraschendes kommt schon genug.
Es müsst ja nicht gleich eine Prinzessin sein,
die sind meist gar nicht so hübsch wie sie heißen.
Eine Gastwirtstochter tät's auch –
jede Nacht Götterspeise
und ich spiel ihr dafür auf der Mundharmonika vor.

Das hab ich gelernt als ich bei der Feuerwehr war.
Drei vier Lieder zwischen den Bränden,
da kriegt man schon ein Repertoire.
Es soll ja nicht immer gleich klingen,
also schaut man, dass man
ab und zu etwas anderes spielt.
So würd ich's auch bei meiner Liebsten machen –
der Gastwirtstochter mit der Götterspeise.
Wenn ich sie bloß schon hätt.

Feinheiten

Das Nachthemd hab ich an dir noch niemals gesehen
ich hab dich noch niemals im Nachthemd gesehen
aber es steht dir gut
fast möcht ich gar nicht dass du es ausziehst
es betont so schön deine Schultern
und auch deine Arme betont es
außerdem hat es den Vorteil dass es
mir die Empfindung gibt dir unters Kleid zu fassen
so wie es dir ermöglicht dir unters Kleid fassen zu lassen
obgleich es gar kein Kleid ist
sondern ein Hemd
doch wer wird jetzt auf solche Feinheiten achten

Halbargentinier

Neulich erfuhr ich, dass ich eigentlich Halbargentinier bin
Ich habe mich ja für so manches gehalten
aber das hätte ich doch nicht gedacht
Halbargentinier –
welche Aufstockung meines Blutes!
Mein Gehirn fasst plötzlich dreimal so viel Sauerstoff wie zuvor
Als ich es Daisy Miller erzählte, hat sie gelacht
Wahrscheinlich hätte ich nicht so mit meinem
frischen halbargentinischen Pass herumwedeln sollen
Ich habe mir vorgenommen, nun eine Zeitlang
wortlos drüber hinwegzugehen
Gerade so als ob ich gar kein Halbargentinier wäre

Ein Ingenieur wurde verhaftet

in seiner Gefängniszelle
machte er sich zur Giraffe
ulkig, wie
der Hals durch die Gitterstäbe hervorragt

die Wächter wurden
zu Kröten, die
aufgeregt um die Beine der Giraffe herumlaufen

das ist ein Bild, da
bricht selbst der Gefängnisdirektor in Lachen aus

zwei mädchen auf rollschuhen

so was hatte ihn bisher nie interessiert
so was hatte er bisher übersehen was
gingen ihn mädchen auf rollschuhen an was
war bloß heute so anders was
waren es die neuen jeans was
kam er sich heute erwachsener vor was
musste er immerfort schauen was
standen sie da und nestelten an ihren rollen was
ging er nicht einfach an ihnen vorbei was
sollte er tun
die eine
dünn
die andere
pummlig was
überlegte er noch
ob er sie siezen sollte was
lächelte ihn die pummlige an was
kann man gegen das lächeln
eines pummligen mädchens auf rollschuhen was
kann man da tun dachte er und machte was
machte ein ernstes gesicht

dem mädchen schien
gerade dieser ernst zu gefallen was
sah er an ihrem äugeln was
sah er an ihrem blick was
tuschelten da die beiden was
machte die dünne sich auch schon was
machte die dünne sich auch schon davon was
blieb er mit der pummligen alleine
also musste er irgend was
sagen also sagte er irgend was
schien auch die sonne so niederträchtig
tief in ihren ausschnitt was
wollte sie vielleicht eine cola

von seinem vorletzten taschengeld
und sie hatte tatsächlich was
durst und so gingen sie beide was
trinken sie mit den rollschuhen an
und er ohne
und so tranken sie
beide was
und kamen drüber ins reden
er von sich sie von sich
und sie hören einander zu
was sehen sie einander dabei in die augen was
kommen sie beide ins lachen was
schwindet unterdessen der tag was
bleibt als einander
wortlos das mondlicht zu zeigen
die haut und das haar
und das innere der tränen

frühmorgens begleitet er sie nach hause was
sollte er denn auch anderes tun was
hält sie ihre rollschuhe in händen was
stehen sie vor der verschlossenen tür was
hat sie denn keinen schlüssel dabei was
kommt auf das klingeln im pyjama
ihr vater was
tobt der laut und was
zerrt der hart seine tochter was
stößt er das mädchen rein in die wohnung was
lässt sie die rollschuhe draussen was
schlägt der alte die tür was
bleibt dem jungen alleine was
bleibt ihm außer den rollschuhen was
sollte er denn anderes tun was

schnallt er die schuhe sich nun an die füße was
rollt er leer durch den morgen was
rollt er fort aus der nacht was
kann man gegen das lächeln
eines pummligen mädchens auf rollschuhen was
kann man da tun und was
sollte er anderes was
sollte er denn
sollte er was
sollte er
tun

ins blaue hinein

schuschnigg aß ein schaschlick, das sah
teltschik, der neu war und schaschlick
nicht kannte. teltschik sagt also zu
schuschnigg: ist das ein schaschlick?
sagt das mehr ins blaue hinein,
hat bloß mal von schaschlick gehört
in betreff schuschnigg,
dass der gern schaschlick äße.
nein, das ist kein schaschlick,
sagt schuschnigg,
um teltschik zu ärgern, der neu war,
das wusste schuschnigg,
der konnte neue nicht leiden,
schon gar wenn sie teltschik hießen.

wenn das kein schaschlick ist,
bist du nicht schuschnigg, sagt teltschik,
nicht ganz ins blaue hinein,
hat er doch schuschnigg durchschaut
und will ihn nun seinerseits ärgern.
ich soll nicht schuschnigg sein,
eher bist du nicht teltschik,
sagt schuschnigg und beißt in das schaschlick.
eher bist du nicht schuschnigg,
ruft nun laut teltschik, die arme erhoben,
als habe er vor, schuschnigg zu drohen
wegen dem schaschlick.
dabei wollte er nur etwas freundliches sagen
ins blaue hinein, weil er ja neu war
und da sah er das schaschlick von schuschnigg.

nebel

die sonne heißt. zum fischgeschäft
muss ich erst morgen gehen.
vorher aber noch briefe austragen.
die tasche scho(e)n geschultert, sortiere ich papier.
welches mir wertlos erscheint.
was aber zählt dieses herz?
mit den fingern biege ich um die ecke,
nicht ich, einer von vielen.
wie bellen am rande des wassers.
aus seiner trockenstarre erwacht der frosch,
die eleganten unter den elefanten beachten ihn nicht.

zum fleischgericht zog es all die verdammten hin,
ein haken und henker und blue-t so rot wie das meer.
aber das war ja nicht mehr. glühkohleofen mit was drin,
wovon man nicht spricht, es gibt aber bilder.
das sprechen kommt meist zu spät.
gut für die tiere, dass sie nicht sprechen wie wir.
gegen uns aber hilft sie das nichts. auch nicht ihnen.
wozudannspaß? im bierglas summt die blume.
was da zu lachen gibt, sieh her.

der vogel grüßte, als ich aufsah.
ich erbat mir brot, von gestern.
was schüttelt mich die bäckerin?
derweil läuft vorm geschäft ein auto aus.
mit der haarzange befestigt sie ihren busen.
wir schachteln uns ineinander, o diese backofen-höflichkeit!
ein bisschen sesam, auf einem flügelhorn gespielt.
jaja, die musique.
ich nehme meinen notenständer wieder fort.
ein schneeball pfeift durch das gebüsch,
so unvermittelt in den park geworfen.
die schachfiguren stehen so bis herbst,
einige tragen winterhandschuhe.

aber es sollte doch sommer werden. august.
über den bäumen schüttelt einer den teppich.
daraus fallen die sterne.
ich spreche einen davon an.
wir kommen ins gespräch, bekunden einander
unsere sympathie in gewundenen wendungen.
ich bin ein dosenfisch, sage ich feierlich,
wie zum abschied.
ich habe auch keine kinder, antwortet der stern.
mögen sie meine sauce? er zögert,
wir liegen uns in den armen und weinen.
aber vor glück, oder?

rilke in bad boll

was e wolle
bade bolle
rilk

rilk was wolle
wolle bade
wolle was

rilk e bolle
wolle bade
wasser bade

bolle wolle bade
wolle bade bolle
rilk

ich sag nix

ich wüsst schon was
doch ich sag nix
sollen die anderen doch reden
die wissen eh nix
was die sagen das
weiß ich schon lang
ich wüsst schon was
ich sagen könnt
da würden sie staunen
augenblicklich würde ihr
gespräch verstummen
endlich hat einer gesagt wie's ist
sag's nochmal zum mitschreiben
wir druckens gleich aus
würden sie sagen
wenn ich was sagen würd
doch ich sag nix

do my ding

do you your ding?
I do my ding
you do your ding
I do my ding

do you my ding?
I do your ding

let's
do
du
ding

spät springen die schatten

geschwätzige bahnhöfe
dazwischen schienen leere schweigen
ein klopfendes herz die kabine des lokführers
seelenmörder legen ihr selbst auf die gleise
streckenwächter räumen es ab
nehmen es mit nach hause
um es ihren kindern zu zeigen
am bahnsteig hat das grüßen ein ende
übern zuglautsprecher werden gedichte verlesen
angeblich vom bahnchef verfasst
hoch die posaune!
die schaffnerin legt im wagen parkett aus
klosterzüge mit schweigenden mönchen
mehrere papiertüten lang blieb die zeit in der schwebe

schaut men schaut men

sch sch sch - -
men men - -
sch sch - -
schaut men - -
sch sch - -
schaut men - -
schaut men - -
haut men - -
haut men - -
schin - -
men schir - -
men hau - -
en lau - -
pen lam - -
pen lam - -
pen - -
schirrrrrrrr - -
mmmmmmmm
- - - - - - - - - -
- - - - - - - - - -
sch sch sch - -
men men - -
schaut men schaut men
schaut men - - sch - - -
sch - -
sch - -
sch - -
sch - - - - -

edition

wir haben hier nun
den endlich gereinigten text
abbrechen, lücken, leere
zwischenräume
werden mit --- bezeichnet
am rand *zufrieden*
wohin gehörig?
mit dem ende dieser seite
bricht für uns das gedicht ab

der text ist *entwurf*
im jetzt
des schreibens wie
dann des lesens,
eines jeden, der
später ihn liest,
als entwurf in seinem
jetzt – für sein später

so auch im hören,
das jetzt nur
zuhört einem der vorliest,
später ist alles verweht
aber jetzt
kann mans hören
solang es geschieht
ist es da

Pflegefall

Ich kann es nicht wie sollte ich's auch können
mir sind die Hände straff gebunden und mit
den Augen bin ich blind meine Füße können
kaum noch gehen sehen sehen sehen
das wär schön gehen gehen gehen
kann ich nicht und sie würden mich auch nicht
lassen früher war ich jung und toll beweglich
heute muß ich tun was man mir sagt
laut sagt und laut singt auch die noch
jugendlich wirkende Heimleiterin
ihr ach so frommes Abschiedslied
eh sie dann meinen Leichnam verbrennen
und der Staat das wieder einspart was
ich ihn einmal gekostet hab

romeo lachte

ich traf romeo, alt geworden,
immerhin lebte er noch

wo ist sie, fragte ich,
julias namen vermeidend

wo soll sie schon sein,
da wo die anderen sind

also tot? romeo lachte,
klopfte mir auf die schulter

und ging seines wegs,
zwischen baracken und zelten

bonsoir bonne nuit merci

in vielem ist er dünner als sein schloss
und fährt doch ein auf hohem wagen
sonst fand man nichts an ihm
den sonnennagel wusst er zu gebrauchen
und schlug ihn in das zepter ein
griechenland die insel heißt
dran ging die majestät zugrunde
einst da und nun dahin
das essgeschirr steht vor der tür
in einer reizenden umgebung
ich brauche tuben schnee und nachts
bonsoir bonne nuit merci
stets ohne schuhe aus dem zimmer
das hüpft auf dem klavier
wo senkrecht stehen hoch die tasten

der *dompteur* hat sich auf seine brille gesetzt
diesen augenblick nutzte
der tiger

schöne leere worte
aber den käfig
sauber macht hinterher keiner

spät
springen die schatten
auf grün
gefall ich dir
denn nicht
doch natürlich
und morgen
ist wieder früh
vor dem fenster
springen die
schatten und wir
dunkeln
gegen den tag
verlässt eine blüte
das land du
nimmst ein tuch
faltest den namen
als der regen kommt
hörst du mir
zu

in eden

(für dagmar hub)

nicht mal landkarten
gibt es von hier
kein wegweiser führt
zum berg der knechte
gottes
aber den mann
aus ur
kennen noch viele
das wohnhaus von
sarai und abram
gestern haben sie
hier noch gelebt
auf aramäisch
wie sonst
schlafen die menschen
in bettgestellen aus
hellblauem
himmel zwischen zwei strömen

ich trau mich nicht
aus dem fenster zu schauen
doch es ist gar kein fenster
mehr eine lücke
ich trau mich nicht durch die lücke zu schauen
aus angst selbst teil dieser lücke zu werden
ich trau mich nicht diese angst zu zeigen
drum versteck ich mich hinter der lücke
ich trau mich nicht selbst fenster zu werden

zur KONTROLLE war ich nicht erschienen

der kontrolleur hatte auch nicht nach mir gefragt
freilich sollte man auch so zur kontrolle erscheinen
ohne dass ein Kontrolleur danach fragt

wenn ein kontrolleur erst danach fragt
ist das meist ein ganz schlechtes zeichen
die kontrolle fällt dann fast garantiert positiv aus

also negativ für den kontrollierten
das hätte ich bedenken sollen
als ich nicht zur kontrolle erschien

Achtzig Schweine pro Woche per Bolzenschuss
Wem aber zeige ich meine Gefühle?
Eigentlich dürftest du gar nicht hier sein
Der Playboy beim Arzt und ein Blick in den Spiegel
Wenn bloß das schiefe Becken nicht wäre
Die Arzthelferin schneidet die Currywurst auf
Erzähl nochmal die Geschichte vom Ali
Fallobst für Runde sieben
Er hatte den Kampf gegen Frazier verloren
Du aber fuhrst zur See
Keiner merkt wenn du über Bord gehst
Wollen Sie einen Aufwärtshaken?
An der Wurstpresse stand er
Abends übte er in der Ritze
Für eine Bahnhofsspelunke ist es hier ganz gemütlich
Ihr nächster Termin ist im Juni
Bis dahin liegen die Blutwerte vor
Kommen Sie mir jetzt bloß nicht mit Cola

du bist die ich-ag
nach dem aktienkurs
berechnest du deine gefühle

mir bleiben sie unberechenbar
und wenn ich dir eine ode schenke
lächelst du weil sie nicht zählt

ich zähle dir das versmaß her
da horchst du doch kurz auf
und sagst: welche verschwendung

Auf die Minute

Im Askanischen Hof auf dem Kanapee
warte nur gleich kommt Gregor
fünf Stunden dauert es bis Felice anruft

um nach dem Heizer zu fragen
der ist mit einer Schweizerin nach Riva gereist
dort schläft er jetzt Tag und Nacht

später kommt Felice doch noch persönlich
bleibt dabei aber kühl
und will von Küssen nichts wissen

dafür stellt sie dem Franz die Uhr
auf die Minute genau

arpeggio und pause

das dasein nur ein akkord, dessen einzelne töne,
weil gleichzeitig, menschlich nicht zu ertragen,
in der zeit sich auseinanderfalten, in das gedehnte
nacheinander dessen, was ein leben genannt wird.
so auch das gedicht ein akkord, nur als arpeggio
hörbar in der abfolge seiner einzeltöne –
aber rhythmisch doch auch, die töne folgen
nicht im gleichen zeitabstand aufeinander.
beim romantischen gedicht noch am ehesten,
wo rhythmus und metrum oft ineinsfallen.
immer weniger ist dies bei den modernern der fall,
hier kommen quasi rückkopplungen ins spiel,

das gedicht ist kaum noch arpeggierter akkord,
es ist nur mehr klang, fast wird keine saite
dabei berührt. am anfang ja,
irgendwoher muss das klingen doch kommen.
was dann in der hörbaren zeit sich entfaltet,
wird aber von keinem spieler gespielt.
er hält vielleicht noch das instrument,
lässt es klingen, die töne arbeiten sich selbsttätig vor,
sich vermischend, voneinander sich lösend,
nach eigenen gesetzen einen neuen rhythmus findend,
der wieder überlagert wird von einem anderen, bis
alles in einer pause endet, die aber immer noch klingt.

Mit Marie durch den Nebel

Die Bäume haben schon ihre Federn verloren.
Marie trägt jetzt ihr Kleid.

Der Herbst entblößt die Natur.
Wir schauen schweigend hinaus,
wir werden gefahren.

Durch Dunkles, dann wieder hell.

ich habe kalte füße
ich denke an dich
meine füße werden warm

du reichst mir deine kalten füße
ich reibe sie
deine füße werden warm

wir reiben unsre füße aneinander
uns ist egal
ob sie kalt oder warm sind

am morgen

steht über der wiese
die brücke

so viele blumen
und kein weg dorthin

am oberen bildrand
dunkles gesträuch

zum abend hin

gehn die schatten
an dem geländer

unten die wiese
ohne farben

schwarz
aber schön

shadow play

was spritzt da auf?
schaum der sich brechenden welle
wenn ein nackter frauenkörper ins wasser taucht
die erotik des sinkenden schiffes
auf dem noch einmal die kapelle spielt
näher mein gott zu dir
dem weißen papier
dem untergrund der schrift
die manche mit dem gott verwechseln
untergrund auf dem die gräber ruhn

sprich und zerbrich
dieses wort oder was
könnt dir so passen wie
andern der anzug
dank sagen alle
sei die treffendste weise ein gedicht zu verstehen
es gibt nichts zu deuten
der flug geht zu ende
unten irgendwo gleiten kähne
zwei von den vielen sind wir
von leichten wellen geschaukelt
wir stoßen im spaß aneinander
von brücken werden münzen geworfen
dunkler wird es um uns

shadow play – man hört nur ab und zu einen ton
die übrigen werden lautlos gespielt
zwischen sein und nichtsein schwebend
rhythmus tonfall lachen ja lachen geht auch
schwebende reiter mit hüten
die fast das ganze bild einnehmen
man sieht nur die hufe dicht überm boden
und diese hüte
groß wie das meer
dazu ist doch die poesie da
das scheitern der sprache erlebbar zu machen

balogh

ach was zweite liga
ich schieß eben zwei
tore mehr und wir steigen auf
was blättert der kleine da schon in büchern
liest über balogh der
fiel ausm zug gleich neben ulm
nach den spiel bei den bayern
für neckarau hat er gespielt
wie's ausging das steht nirgendwo
immer schreiben sie
von dem sturz
seither denk ich wenn ich aus münchen
und das ist oft heimfahr nach ulm mitm zug
auf der plattform nah bei den türen
beinahe immer an balogh

so groß sind heut die katzen

zum glück war nebel an jenem morgen

so brauchte ich mir keine gedanken zu machen
wo ich das pferd abgestellt hatte und so
mir wuchsen schlittschuhe für diesen nebel
ein wald von schlittschuhen davor ein see

ein berg von eis am anderen ende
die eisprinzessin im lächelnden kleid
sie war aus dem nebel gewachsen
wir sagten nichts glitzerten beide

man konnte nichts sehen nur wenig

das licht war anders jedermann trug eine posaune
die autos husteten leiser als sonst
alles dröhnte es war so hell

der schatten kam unter den boden gekrochen
und horchte bang hinauf
still wie die glocke leuchtet

herbstetüde

1
am hellen morgen
ein helles auto
dunkel die stimme die
beides beschwört
drüber das dach
von blättern der mammut-
bäume
drinnen das licht
in den räumen
sehr still

2
aber noch, aber
noch
sind wir nicht dort
falten die sterne
zu händen
hinübergezogen
in fremdes aas
bleiben wir
ohne die stelle zu wissen
reiben die guten
verdreckten schuhe am
abtreter
zu unsren häuptern
zwei kissen voll scham
ausgeschütteter septemberschnee
wo er liegenbleibt
wachsen regenbogen
aus deinen tritten

3
bebend, nicht
länger einfach bloß
da

auf ein pony gesungen
diana
am frühen abend
bis zu den hüften im schilf

4
und endlich
doch
brüllendes zögern
bewegung die
stille steht

5
nicht dass einer sagte
nach oben
erfülle sich
ankunft
zur reise bereit
vor den mädchen
ein dankeschön
sonntags
hart an den gleisen
zu wem aber
sprichst du so
laut

6
zum schluss dieses
hierseins
geht einen tag
zurück jede zählung
am ablesegerät
spitzer fahrplan
o welche rundung der räder

sei lieber mal
vorsichtig mit der
axt, eugen,
es ist jetzt
dunkel, und die
lampen brennen nicht
hell
wart den nächsten
vulkan-
ausbruch ab,
dann hast du
genug licht
aber
pass bloß auf
die axt auf, dass keiner
sie vorher
nimmt und irgendwo
reinhaut

ich wurde geschont

das war mir schon öfter passiert,
kein grund zur beunruhigung.
dachte ich, aber diesmal war's anders.
das fiel mir allerdings später erst auf.
als man sozusagen gar nicht mehr auf mich zurückgriff.
ich wartete und dachte:
na ja, wird schon kommen. aber es kam nichts.
das heißt eigentlich wartete ich
gar nicht mehr. ich saß bloß noch so da.
irgendwann wurde es mir zu bunt und
ich fuhr nach regensburg.
regensburg war nun nicht gerade meine
lieblingsstadt, wie sollte sie auch,
ich war noch nie dort gewesen.
aber, dachte ich mir, von regensburg
aus sieht bestimmt alles ganz anders aus.
in regensburg war aber nicht viel zu sehen,
der riesige dom verdunkelte alles.
und hatte man sich zur donau hinuntergetastet,
war es schon abend.
so bestellte ich in einem bierlokal eine brotzeit,
wie man das in regensburg so macht.

im gebrüll

saure luft
neue altäre
gegen das wortfetzentum
hilft überblendung
musik als haha
zerstört pussy der ohren
hilf mir ins nirvana
schlagend klatschend
du willst es so
streckst den kopf durch
das loch
heiliger bimbam
das warten auf god
flüsse geschenkt von den quellen

geschwindigkeits geschwader
sich überstürzend in meine
kleine feine ampulle
das stockt herrjeh
lass doch mal los
in mir der schneewittchensarg
und wo ist die mama
das gleitet und schreitet
am zügel
sprich einfach lauter
gurkeneseleien das
ich schraub an den ringen
und boxen neenee mich bezahlt
ja auch keiner

so hell ich
sage bloß
wie wem
zur tür herein
es trinkt sich eine

rotze satt an mir
gerümpel voll da hüpft
auf stöckelschuhen dieser
blitzfuß rein wo jetzt
mein haar ist frägst du
ungestalt
gib mir das ä gefälligst
ein a alleine
wär mir zu blass

der teufel hat seinen mantel bekleckert
mit irgendner farbe.
wahrscheinlich
rot. mir aber egal. ich spiele
mundharmonika wie ein idiot zu
ehren
des jüngsten gerichts. mit dem
motorrad
hierhergeknattert geht mir der
sprit aus.
ich stell mir dazu eine fleckige
sonne vor
wie aus ner dosenbüchse
ausgeleert ja
aus ner dosenbüchse genau. alles
andre
ist kokolores

jimi hendrix traf kafka
und fragte ihn nach der uhrzeit
hab keine uhrzeit dabei
sagte der und nahm seinen
prager hut ab
und setzte ihn jimi auf
der passt mir gut sagte jimi
und trug ihn bei seinem prager
konzert auf der bühne

mutter benrath trug im koffer suppe auf

nicht mir, ich kam zu spät zum gleis
mir stoppt die uhr, sind sie die braut?
ich traue sie, ahoi! doch wo sind wind und segel?
der arzt war dick, er rollte steil den hang hinunter
wer bin ich noch, wenn alle von mir wissen
man legt gedecke auf, welch silbern minenspiel!
damals war die wiese blau
ein kuhgummigeschoss mitten im frieden
ich hatte einen zungenkuss bestellt,
nun liegen verwundete in den baracken

der after shave beutel geht mit auf die reise
dunkle träume, bei geschlossenem vorhang
hier eröffnet demnächst ein theater
ist das lissabon? von da aus geht es nach westen
ich aber nahm den zug nach bordeaux
hoffte dich dort zu finden
sind sie der gesuchte? ich habe vier heteronyme,
suchen sie sich eins aus
auch innen ist luft und die füße wachsen ins feuer
mein herz lief den berg hinauf wegen dir

das war der abschied: du kauftest mir diese maschine
sie steht noch da, sie sehen ja
ich trug einen buddha mit auf der reise
und legte mich in den schnee
du schmolzt mit mir, wir gingen eisige wege
nachmittags hattest du mehrere hände,
die trugen wir beide den langen weg heim
da lebte bloch noch, dann war er tot
wir haben auch nicht geheiratet,
trieben das kind den neckar hinunter

befreites gebiet

nachts schlägt der regen die zäune um
die gräser sind schwarz vor den häusern

wie eine sterbende ratte kriecht mond
durch gebüsch

hier ist kein feind mehr
liebende halten sich bei den zähnen

gefangener engel, schwarz
steigt, was dir blieb
als melodie einer innenstadt,
innenansichten in rhythmischen schlägen,
du sprichst nicht ihre sprache und verstehst
doch was sie wollen. wir haben dich uns gekauft
sagen sie und lassens dich spüren.
immerzu dieses klopfen. und ferner gesang,
wie von mehreren stimmen. ist das der
ehemann? warum klingelt er?
ich dröhne nicht. du. mein herz, das
mir jemand rausnahm. in plastik verpackt
für spätern gebrauch. ich du. wer ist sie,
die ihr euch nahmt?

über die donau

ruhende vögel
auf ästen aus luft
niemand singt
niemand außer den
ufern schweigt da
von fernher flutlichtmasten
plötzliche helle ein
dröhnen aus licht
und die vögel
klappern mit ihrem
gefieder

tag wird es jetzt
oder nacht aber noch
will der fluss um sich
keine menschen
nur halme von gräsern
strecken sich leicht
zum aufgehenden himmel
wie sonst wenn die
postbotin auf dem
fahrrad eilig vorbeifährt
am ufer

Aus dem Mondschein
wächst das
Haus in den Hügel

und drüber lässt
ein anderer Mond sich
beleuchten

dazwischen im Haus
geschieht nichts
nicht mal ein Räuspern

die Besitzer sind fortgegangen

und doch spricht einer
von Schmerzen
aus dem Dunkel jenseits der
Monde

Auf Fotos

Die Eigen-Sinnige
steht stets abseits,
selbst mitten unter den andern.
Man denkt sie sich
in einem Film als
interessante Person, ein junges
Mädchen mit einer Geschichte. Sie lächelt,
gewinnend und zart, aber so,
als lächle sie über den Betrachter
des künftigen Bildes, über das ganze
Fotografier-Arrangement und über sich selbst.
Wie in Erinnerung an einen Schmerz,
der erst kommt, wendet sie sich
oftmals halb ab und ist gefühlt
doch viel näher
als alle Frontalen, die
in Gedanken schon weg sind

Ein Frühstück mit Othello
das kann gefährlich sein,
Jago streicht ihm vergiftete
Marmelade aufs Brot.

Was hat der am Frühstücks-
tisch zu suchen,
Desdemona schläft wohl noch –
Othello denkt: mit Cassio

und köpft sein Frühstücksei,
dass die ganze Spitze wegfliegt.
Doch Emilia fußelt mit ihm unterm Tisch,
das merkt nicht mal der Jago.

Sie sagte, sie sei Jesus
das genügte mir
ich hörte ihr Herz ab
das aus ihren Gedichten
damals gab es so Apparate

später schliefen wir
der Mond wurde feucht unterm Fenster
an deinen Zehennägeln leckten die Tiere
und als du erwachtest sagtest du
Mama und Papa hätten die ganze Nacht
neben dem Bett gestanden

da warst du dreißig
am Morgen gingen wir raus in den Garten
war es in Südfrankreich?
du schriebst ein Gedicht über Bäume
mit einer Zeichnung dazu

was ist das, fragte ich
da unterm Baum dieser Hügel
das bin ich, sagtest du, wenn
ich tot bin, als Grab

und wir bewahrten all diese Skizzen
in unsern Schubladen
zwischen abgelaufnen Erfrischungsgetränken
zählten wir
wie viele uns blieben

Gegenüber dem Gedicht

wohnt die Prosa
sie hat mehrere Zimmer
ja Stockwerke
das Dach ist oft ein Problem
der Keller der Prosa ist voll
mit altem Gerät
von dem man glaubte man
werde es irgendwann brauchen
das Gedicht
ist mehr eine Hütte
in die es reinzieht
doch das muss wahrscheinlich
so sein

weil ich *aus wörtern*
bestehe
bin ich ein text

ich bilde nichts ab
will nichts sagen
in mir steckt kein
sinn

ich sag guten abend
und meine
das anfangs-g
und zwei trochäen

ein langes u
und ein a
vor dem b-
end(e)

when we go
we go

when we stay
we stay

we might stay or go
we're never there

in deutscher fassung:

ein ernster strauch
sinkt herab

bis hin
zur

politur
meines mantels

was-bar

nun standen sie
zart an der theke
den schwitzkasten
hatte man ausgeschaltet
so blieb es stumm
statt warm aber die
zierlichen füße
genossen den boden

h(a)ut ab hier brüllen
wuchtige hände in
jeder einen haftbefehl
endlich sind frauen
nackt zu beklatschen
gegen den lauf der
gitarre nimmst du das
tambourin auseinander

über die bühne ein
transparent für den
erhalt des orchesters
pumpen wir alles
aber die tauben fliegen
gebraten durchs dach
helfen sie mir einer
säge die widersteht

solche strümpfe also trug diotima

erst das fragment gibt den anstoß zum denken
aber was ist das: poetisch?
die frauenfigur als innere landschaft des helden
der widerruf während des sprechens:
romantische ironie
wie kann sich verirren, wer kein zuhause hat?
dieses romantische hast du jetzt ganz verloren
wo hast dus hingeworfen, in fluss?
erzähl dir nichts, vernascht hast du's,
das dunkle war nur erfunden in dir

ungestüm das wort
nach dem hab ich gesucht

nicht weil ich es bräuchte
es klingt bloß so schön

ich wüsste jetzt nichts das ungestüm wäre
morgen vielleicht werd ich es nötig haben

morgen wird mir etwas begegnen
hätt ich das wort nicht würd ich es gar nicht bemerken

so aber werde ich
ungestüm sagen wissen und lächeln

so groß sind heut die katzen
wie ungetüme
als wären sie in ihrem jenseits gewachsen

die aufgerichteten ohren
verdunkeln den mond

futter werden sie keins mehr brauchen
was suchen sie also in meinem garten

auf der flucht

wo du nun die signora bist
kühe laufen frei übern himmel
eh es zum sturm kommt
trägst du ihnen schon kaschmir
die höhen hinauf
und schuhe für ihre hufe

der einarmige in deinem swimming pool
mag drosseln und tauben
ein walfisch hat angeklopft
pocht auf seine rechte als sänger

doch wenn – wie es heißt – sie hereinbricht
die nacht
schaust du aus deinem fenster
smaragdgrüne limousine
dauergeparkt

INHALT

1. Auflage 2015

www.udo-degener-verlag.de

Gestaltung und Umschlag: U. Degener
ISBN: 978-3-95497-700-0